•따라 쓰며 암송한다•

303비전꿈나무
성경말씀 쓰기노트

여운학 엮음

2

규장 • 303비전성경암송학교

부모님에게

꿈나무들이 성경을 암송하며 쓰게 하세요!

우리 303비전꿈나무들이 하나님의 말씀을 더 쉽고 재미있게 암송할 수 있도록 돕는 노트가 나왔습니다. 바로 이 《303비전꿈나무 성경말씀 쓰기노트 2》입니다.

이 노트는 얼핏 보면 어린이들이 한글 쓰기를 처음 배울 때 사용하는 따라 쓰기 노트와 비슷합니다. 하지만 일반적인 노트와 아주 다른, 전혀 새로운 개념의 노트랍니다. 어린이들이 성경말씀을 직접 따라 쓰면서 말씀을 암송하도록 훈련시키는 노트이기 때문이지요.

무릇 암송이란 입술을 열어 소리를 내며 하는 것이 가장 좋습니다. 소리 내어 반복하면서 암송하면 그 자체가 말씀을 묵상하는 일이 되기 때문이지요.

그런데 303비전꿈나무들 가운데에는 글자를 배우기 시작하는 어린 자녀들이 많은 편입니다. 그래서 이왕이면 말씀을 암송시킬 때 노트에 암송할 말씀을 동시에 써보도록 하면 더 좋겠다는 아이디어가 꿈나무 어머니들로부터 나왔습니다. 얼마나 훌륭한 지혜인지요! 말씀을 암송하는 가운데 하나님이 어머니들에게 주신 지혜라고 생각합니다.

우리 어른들은 어렸을 때 한글 쓰기를 배우기 위해 이런 바둑판 같은 노트로 글씨 쓰기를 연습했습니다. 어릴 때부터 직접 글씨를 써보아야 그 말씀의 뜻과 개념이 분명해지고 기억에도 더 오래 남을 것이니까요. 또한 글씨를 아름답게 쓸 줄 알아야 자녀들의 집중력과 학습 능력 증진에도 큰 도움이 되고, 장차 어른이 되어서도 유익할 것입니다. 하물며 하나님의 말씀을 직접 써보면서 글씨 쓰기 연습을 한다면 금상첨화가 아닐까요? 하나님의 말씀도 암송하고 한글도 깨치고, 그야말로 일석이조라 아니할 수 없겠습니다.

성경암송은 어린이들이 어려서부터 말씀이신 하나님을 모셔 들이는 거룩한 훈련입니다. 이제부터는 어린이가 암송하는 말씀을 직접 노트에 쓰는 훈련까지 같이 하도록 해주십시오.

또 '어려서부터' 성경을 알았나니 성경은 능히 너로 하여금
그리스도 예수 안에 있는 믿음으로 말미암아 구원에 이르는 지혜가 있게 하느니라 딤후 3:15

여운학 장로
303비전성경암송학교 교장

차례

303비전꿈나무 모범생 2단계 100절

그가 사모하는 영혼에게 만족을 주시며
주린 영혼에게 좋은 것으로 채워주심이로다 시 107:9

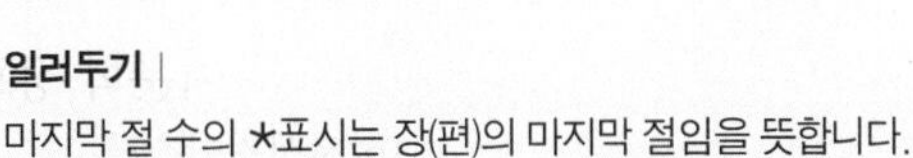

일러두기

마지막 절 수의 ★표시는 장(편)의 마지막 절임을 뜻합니다.

창세기 1:1

쓴날 년 월 일

부모 확인

창세기 1:1

1절

태초에 하나님이 천지를 창조하시니라

창세기 1:1

출애굽기 20:1-21

쓴날 년 월 일

1절 하나님이 이 모든
말씀으로 말씀하여
이르시되
2절 나는 너를 애굽 땅,
종 되었던 집에
서 인도하여 낸 네
하나님 여호와니라
3절 너는 나 외에는 다
른 신들을 네게 두
지 말라
4절 너를 위하여 새긴
우상을 만들지 말고

또 위로 하늘에 있
는 것이나 아래로
땅에 있는 것이나
땅 아래 물 속에
있는 것의 어떤 형
상도 만들지 말며
5절 그것들에게 절하지
말며 그것들을 섬기
지 말라 나 네 하
나님 여호와는 질투
하는 하나님인즉 나
를 미워하는 자의
죄를 갚되 아버지로
부터 아들에게로 삼
사 대까지 이르게

하거니와

6절 나를 사랑하고 내 계명을 지키는 자에게는 천 대까지 은혜를 베푸느니라.

7절 너는 네 하나님 여호와의 이름을 망령되게 부르지 말라. 여호와는 그의 이름을 망령되게 부르는 자를 죄 없다 하지 아니하리라.

8절 안식일을 기억하여 거룩하게 지키라.

9절 엿새 동안은 힘써

네 모든 일을 행할
것이니
10절 일곱째 날은 네 하
나님 여호와의 안식
일인즉 너나 네 아
들이나 네 딸이나
네 남종이나 네 여
종이나 네 가축이나
네 문안에 머무는
객이라도 아무 일도
하지 말라
11절 이는 엿새 동안에
나 여호와가 하늘과
땅과 바다와 그 가
운데 모든 것을 만

늘고 일곱째 날에
쉬었음이라 그러므로
나 여호와가 안식일
을 복되게 하여 그
날을 거룩하게 하였
느니라
12절 네 부모를 공경하라
그리하면 네 하나님
여호와가 네게 준
땅에서 네 생명이
길리라
13절 살인하지 말라
14절 간음하지 말라
15절 도둑질하지 말라
16절 네 이웃에 대하여

거짓 증거하지 말라
17절 네 이웃의 집을 탐
내지 말라 네 이웃
의 아내나 그의 남
종이나 그의 여종이
나 그의 소나 그의
나귀나 무릇 네 이
웃의 소유를 탐내지
말라
18절 뭇 백성이 우레와
번개와 나팔 소리와
산의 연기를 본지라
그들이 볼 때에 떨
며 멀리 서서
19절 모세에게 이르되 당

신이 우리에게 말씀
하소서 우리가 들으
리이다 하나님이 우
리에게 말씀하시지
말게 하소서 우리가
죽을까 하나이다
20절 모세가 백성에게 이
르되 두려워하지 말
라 하나님이 임하심
은 너희를 시험하고
너희로 경외하여 범
죄하지 않게 하려
하심이니라
21절 백성은 멀리 서 있
고 모세는 하나님이

계신 흑암으로 가까이 가니라

출애굽기 20 : 1 - 21

신명기 28:1-6

쓴날 년 월 일

부모 확인

1절 네가 네 하나님 여
호와의 말씀을 삼가
듣고 내가 오늘 네
게 명령하는 그의
모든 명령을 지켜
행하면 네 하나님
여호와께서 너를 세
계 모든 민족 위에
뛰어나게 하실 것이
라
2절 네가 네 하나님 여
호와의 말씀을 청종

하면 이 모든 복이
네게 임하며 네게
이르리니
3절 성읍에서도 복을 받
고 들에서도 복을
받을 것이며
4절 네 몸의 자녀와 네
토지의 소산과 네
짐승의 새끼와 소와
양의 새끼가 복을
받을 것이며
5절 네 광주리와 떡 반
죽 그릇이 복을 받
을 것이며
6절 네가 들어와도 복을

여호수아서 1:8,9

쓴날 년 월 일

부모 확인

여호수아서 1:8,9
8절 이 율법책을 네 입
에서 떠나지 말게
하며 주야로 그것을
묵상하여 그 안에
기록된 대로 다 지
켜 행하라 그리하면
네 길이 평탄하게
될 것이며 네가 형
통하리라
9절 내가 네게 명령한
것이 아니냐 강하고
담대하라 두려워하지

여호수아서 6:1-3

쓴날 년 월 일

부모 확인

여호수아서 6:1-3
1절 이스라엘 자손들로
말미암아 여리고는
굳게 닫혔고 출입하
는 자가 없더라
2절 여호와께서 여호수아
에게 이르시되 보라
내가 여리고와 그
왕과 용사들을 네
손에 넘겨 주었으니
3절 너희 모든 군사는
그 성을 둘러 성
주위를 매일 한 번

시편 8:1-9*

쓴날 년 월 일

부모 확인

시편 8:1-9*
1절 여호와 우리 주여
주의 이름이 온 땅
에 어찌 그리 아름
다운지요 주의 영광
이 하늘을 덮었나이
다
2절 주의 대적으로 말미
암아 어린 아이들과
젖먹이들의 입으로
권능을 세우심이여
이는 원수들과 보복
자들을 잠잠하게 하

려 하심이니이다

3절 주의 손가락으로 만
드신 주의 하늘과
주께서 베풀어 두신
달과 별들을 내가
보오니

4절 사람이 무엇이기에
주께서 그를 생각하
시며 인자가 무엇이
기에 주께서 그를
돌보시나이까

5절 그를 하나님보다 조
금 못하게 하시고
영화와 존귀로 관을
씌우셨나이다

6절 주의 손으로 만드신
것을 다스리게 하시
고 만물을 그의 발
아래 두셨으니
7절 곧 모든 소와 양과
들짐승이며
8절 공중의 새와 바다의
물고기와 바닷길에
다니는 것이니이다
9절 여호와 우리 주여
주의 이름이 온 땅
에 어찌 그리 아름
다운지요
시편 8:1-9*

창세기 12:1-4

쓴날 년 월 일 | 부모 확인

1절 여호와께서 아브람에게 이르시되 너는 [illegible] 내가 네게 보여 줄 땅으로 가라

2절 내가 너로 큰 민족을 이루고 네게 복을 주어 네 이름을 창대하게 하리니 너는 복이 될지라

3절 너를 축복하는 자에

게는 내가 복을 내리고 너를 저주하는 자에게는 내가 저주하리니 땅의 모든 족속이 너로 말미암아 복을 얻을 것이라 하신지라

4절

이에 아브람이 여호와의 말씀을 따라갔고 롯도 그와 함께 갔으며 아브람이 하란을 떠날 때에 칠십오 세였더라

창세기 12:1-4

시편 150:1-6*

쓴 날 년 월 일

1절

2절

히 위대하심을 따라
찬양할지어다

3절 나팔 소리로 찬양하
며 비파와 수금으로
찬양할지어다

4절 소고 치며 춤 추어
찬양하며 현악과 퉁
소로 찬양할지어다
5절 큰 소리 나는 제금
으로 찬양하며 높은
소리 나는 제금으로
찬양할지어다
6절 호흡이 있는 자마다
여호와를 찬양할지어
다 할렐루야
시편 150 : 1 – 6*

이사야서 1:18-20

쓴 날 년 월 일

부모 확인

이사야서 1:18-20
18절 여호와께서 말씀하시
되 오라 우리가 서
로 변론하자 너희의
죄가 주홍 같을지라
도 눈과 같이 희어
질 것이요 진홍 같
이 붉을지라도 양털
같이 희게 되리라
19절 너희가 즐겨 순종하
면 땅의 아름다운
소산을 먹을 것이요
20절 너희가 거절하여 배

반하면 칼에 삼켜지
리라 여호와의 입의
말씀이니라
이사야서 1:18-20

이사야서 14:24-27

쓴날　　년　　월　　일

부모 확인

이사야서 14:24-27
24절 만군의 여호와께서
맹세하여 이르시되
내가 생각한 것이
반드시 되며 내가
경영한 것을 반드시
이루리라
25절 내가 앗수르를 나의
땅에서 파하며 나의
산에서 그것을 짓밟
으리니 그때에 그의
멍에가 이스라엘에게
서 떠나고 그의 짐

이 그들의 어깨에
서 벗어질 것이라
26절 이것이 온 세계를
향하여 정한 경영이
며 이것이 열방을
향하여 편 손이라
하셨나니
27절 만군의 여호와께서
경영하셨은즉 누가
능히 그것을 폐하며
그의 손을 펴셨은즉
누가 능히 그것을
돌이키라
이사야서 14:24-27

잠언 16:1-9

쓴 날 년 월 일

1절

2절

하여도 여호와는 심
령을 감찰하시느니라

3절
너의 행사를 여호와
께 맡기라 그리하면
네가 경영하는 것이
이루어지리라

4절 여호와께서 온갖 것
을 그 쓰임에 적당
하게 지으셨나니 악
인도 악한 날에 적
당하게 하셨느니라
5절 무릇 마음이 교만한
자를 여호와께서 미
워하시나니 피차 손
을 잡을지라도 벌을
면하지 못하리라
6절 인자와 진리로 인하
여 죄악이 속하게
되고 여호와를 경외
함으로 말미암아 악
에서 떠나게 되느니

7절

8절

9절 사람이 마음으로 자기의 길을 계획할지라도 그의 걸음을 인도하시는 이는 여호와시니라

잠 언 16 : 1 – 9

시편 107:9

쓴 날 년 월 일

부모 확인

9절

시편 107:9

그가 사모하는 영혼에게 만족을 주시며 주린 영혼에게 좋은 것으로 채워주심이로다

시편 107:9

잠언 8:17

쓴 날 　　년 　월 　일

부모 확인

잠언 8:17

17절 나를 사랑하는 자들
이 나의 사랑을 입
으며 나를 간절히
찾는 자가 나를 만
날 것이니라

잠언 8:17

하박국서 3:17-19*

쓴 날 년 월 일

부모 확인

하박국서 3:17-19*
17절 비록 무화과나무가
무성하지 못하며 포
도나무에 열매가 없
으며 감람나무에 소
출이 없으며 밭에
먹을 것이 없으며
우리에 양이 없으며
외양간에 소가 없을
지라도
18절 나는 여호와로 말미
암아 즐거워하며 나
의 구원의 하나님으

로 말미암아 기뻐하
리로다
19절 주 여호와는 나의
힘이시라 나의 발을
사슴과 같게 하사
나를 나의 높은 곳
으로 다니게 하시리
로다 이 노래는 지
휘하는 사람을 위하
여 내 수금에 맞춘
것이니라
하박국서 3 : 17 - 19*

마태복음 7:1-6

쓴날 년 월 일

부모 확인

마태복음 7:1-6

1절 비판을 받지 아니하
려거든 비판하지 말
라
2절 너희가 비판하는 그
비판으로 너희가 비
판을 받을 것이요
너희가 헤아리는 그
헤아림으로 너희가
헤아림을 받을 것이
니라
3절 어찌하여 형제의 눈
속에 있는 티는 보

고 네 눈 속에 있
는 들보는 깨닫지
못하느냐
4절 보라 네 눈 속에
들보가 있는데 어찌
하여 형제에게 말하
기를 나로 네 눈
속에 있는 티를 빼
게 하라 하겠느냐
5절 외식하는 자여 먼저
네 눈 속에서 들보
를 빼어라 그 후에
야 밝히 보고 형제
의 눈 속에서 티를
빼리라

6절

거룩한 것을 개에게 주지 말며 너희 진주를 돼지 앞에 던지지 말라 그들이 그것을 발로 밟고 돌이켜 너희를 찢어 상하게 할까 염려하라

마태복음 7:1-6

이사야서 40:27-31*

쓴 날 년 월 일

부모 확인

이사야서 40:27-31*
27절 야곱아 어찌하여 네
가 말하며 이스라엘
아 네가 이르기를
내 길은 여호와께
숨겨졌으며 내 송사
는 내 하나님에게서
벗어난다 하느냐
28절 너는 알지 못하였느
나 듣지 못하였느냐
영원하신 하나님 여
호와, 땅 끝까지
창조하신 이는 피곤

하지 않으시며 곤비
하지 않으시며 명철
이 한이 없으시며
29절 피곤한 자에게는 능
력을 주시며 무능한
자에게는 힘을 더하
시나니
30절 소년이라도 피곤하며
곤비하며 장정이라도
넘어지며 쓰러지되
31절 오직 여호와를 앙망
하는 자는 새 힘을
얻으리니 독수리가
날개치며 올라감 같
을 것이요 달음박질

하여도 곤비하지 아니하겠고 걸어가도 피곤하지 아니하리로다

이사야서 40 : 27 – 31*

예레미야서 33:1-3

쓴 날 년 월 일

부모 확인

1절 예레미야가 아직 시
위대 뜰에 갇혀 있
을 때에 여호와의
말씀이 그에게 두
번째로 임하니라 이
르시되
2절 일을 행하시는 여호
와, 그것을 만들며
성취하시는 여호와,
그의 이름을 여호와
라 하는 이가 이와
같이 이르시도다

3절

너는 내게 부르짖으
라 내가 네게 응답
하겠고 네가 알지
못하는 크고 은밀한
일을 네게 보이리라
예레미야서 33:1-3

마태복음 11:28-30*

쓴 날 년 월 일

부모 확인

마태복음 11:28-30*
28절 수고하고 무거운 짐
진 자들아 다 내게
로 오라 내가 너희
를 쉬게 하리라
29절 나는 마음이 온유하
고 겸손하니 나의
멍에를 메고 내게
배우라 그리하면 너
희 마음이 쉼을 얻
으리니
30절 이는 내 멍에는 쉽
고 내 짐은 가벼움

이 라 하 시 니 라

마 태 복 음 11 : 28 – 30*

이사야서 41:10

쓴 날　　년　　월　　일

부모 확인

10절

너를 도와 주리라

참으로 나의 의로운

오른손으로 너를 붙

들리라

이사야서 41 : 10

사도행전 1:1-8

쓴날 년 월 일

부모 확인

사도행전 1:1-8

1절 데오빌로여 내가 먼
저 쓴 글에는 무릇
예수께서 행하시며
가르치시기를 시작하
심부터
2절 그가 택하신 사도들
에게 성령으로 명하
시고 승천하신 날까
지의 일을 기록하였
노라
3절 그가 고난 받으신
후에 또한 그들에게

확신한 많은 증거로
친히 살아 계심을
나타내사 사십 일
동안 그들에게 보이
시며 하나님 나라의
일을 말씀하시니라
4절 사도와 함께 모이사
그들에게 분부하여
이르시되 예루살렘을
떠나지 말고 내게서
들은 바 아버지께서
약속하신 것을 기다
리라
5절 요한은 물로 세례를
베풀었으나 너희는

몇 날이 못되어 성
령으로 세례를 받으
리라 하셨느니라
6절 그들이 모였을 때에
예수께 여쭈어 이르
되 주께서 이스라엘
나라를 회복하심이
이때니이까 하니
7절 이르시되 때와 시기
는 아버지께서 자기
의 권한에 두셨으니
너희가 알 바 아니
요
8절 오직 성령이 너희에
게 임하시면 너희가

권능을 받고 예루살렘과 온 유대와 사마리아와 땅 끝까지 이르러 내 증인이 되리라 하시니라

사도행전 1:1-8

마태복음 6:33

쓴날 년 월 일

부모 확인

마태복음 6:33

33절 그런즉 너희는 먼저
그의 나라와 그의
의를 구하라 그리하
면 이 모든 것을
너희에게 더하시리라
마태복음 6:33

유니게 2단계 성경암송 100절 따라 쓰기

303비전꿈나무 성경말씀 쓰기노트2

초판 1쇄 발행 2014년 8월 6일
초판 12쇄 발행 2024년 12월 20일

지은이 여운학

펴낸이 여진구

303비전성경암송학교 유니게 과정
이슬비전도학교 / 303비전성경암송학교 / 303비전꿈나무장학회

펴낸곳 규장

주소 06770 서울시 서초구 매헌로 16길 20(양재2동) 규장선교센터
전화 02)578-0003 팩스 02)578-7332
이메일 kyujang0691@gmail.com 홈페이지 www.kyujang.com
페이스북 facebook.com/kyujangbook 인스타그램 instagram.com/kyujang_com
카카오스토리 story.kakao.com/kyujangbook

등록일 1978.8.14. 제1-22

책값 뒤표지에 있습니다.
ISBN 978-89-6097-373-2 04230
978-89-6097-368-8 (세트)

규 | 장 | 수 | 칙

1. 기도로 기획하고 기도로 제작한다.
2. 오직 그리스도의 성품을 사모하는 독자가 원하고 필요로 하는 책만을 출판한다.
3. 한 활자 한 문장에 온 정성을 쏟는다.
4. 성실과 정확을 생명으로 삼고 일한다.
5. 긍정적이며 적극적인 신앙과 신행일치에의 안내자의 사명을 다한다.
6. 충고와 조언을 항상 감사로 경청한다.
7. 지상목표는 문서선교에 있다.

하나님을 사랑하는 자 곧 그의 뜻대로 부르심을 입은 자들에게는 모든 것이 合力하여 善을 이루느니라(롬 8:28)

규장은 문서를 통해 복음전파와 신앙교육에 주력하는 국제적 출판사들의 협의체인 복음주의출판협회(E.C.P.A:Evangelical Christian Publishers Association)의 출판정신에 동참하는 회원(Associate Member)입니다.